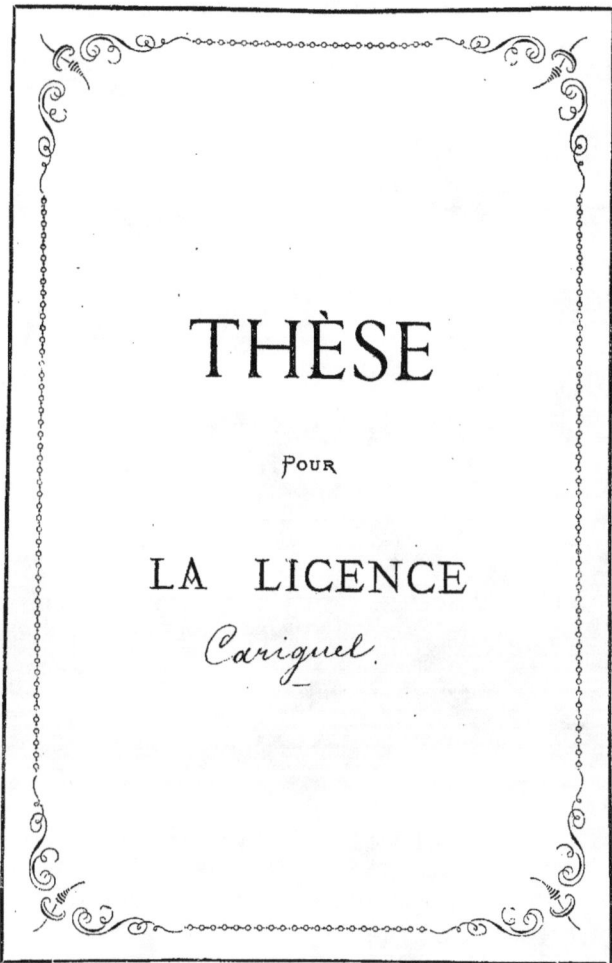

THÈSE

POUR

LA LICENCE

Cariguel.

FACULTÉ DE DROIT.

THÈSE POUR LA LICENCE

JUS ROMANUM..... De transactionibus.
DROIT FRANÇAIS.. De la Transaction.

Cette Thèse sera soutenue le vendredi 29 juillet 1870

A SEPT HEURES DU MATIN

Par M. Édouard CARIGUEL

Né à Saint-Malo, le 17 Juin 1844.

EXAMINATEURS :

MM. HUE, EON, GAVOUYÈRE, professeurs; DE CAQUERAY, agrégé, chargé de cours.

RENNES,
T. HAUVESPRE, IMPRIMEUR-LIBRAIRE
4, rue Impériale, et rue de Viarmes, 15.

1870

MEIS ET AMICIS

JUS ROMANUM

DE TRANSACTIONIBUS

(Dig., Lib. II, tit. XV. — Cod., lib. II, tit. IV.)

PROŒMIUM

Transactio pactio est qua paciscentes litem inter eos extantem aut extaturam aliqua re ex utraque parte concessa componunt. Ea quam primum in illa requirenda sunt quæ in omnibus conventionibus requiruntur scilicet contractentium consensus. Sed duæ peculiares exiguntur transactiones.

Prima conditio. — *Res dubia.* — Ut valeat transactio de dubia lite facienda est. Sic rescripsit Valerianus de transactione quadam inter civem et civitatis administratores facta valere dum vere dubia lis sit ; alio autem casu nulli nocere. (L. 12, Cod., *De transactionibus.*) Sed transactio non minus valet etiam si propter timorem litis lite non incohata intervenerit. (L. 11, Cod. *nostro titulo.*) « Etsi nulla fuisset quæstio hereditatis tamen propter timorem litis transactione interposita, recte pecunia cauta intelligitur.» Si contra post rem judicatam quis transegerit et solverit repetere poterit idcirco quia placuit transactionem nullius esse momento ; super judicata frustra transigi non est opinionis incertæ. Sed etiam post rem judicatam res adhuc dubia potest esse. Puta, si re judicata relevari potest a superioribus judicibus, vel si in integrum restitutionem a prætore dari intelligeretur vel tandem si sententia non valeret, in his omnibus casibus transactio vires habet et igitur nostræ regulæ tantum locus est cum de sententia indubitata quæ nullo remedio ademptari potest, transigitur (L. 23, D., *De conditione indebiti*.

Secunda conditio. — Transactio nullo dato vel retento minine procedit. (L. 38, C. *nostro titulo*.) Transactio enim sic intellligi potest ; aliquo retento puta si res litigiosa fundus est, Primus qui eum possidet partem retinet et alteram partem Secundo tradit. Intelligi quoque potest aliquo dato vel promisso utpote si possessor totum litigiosum fundum servat, sed aliam rem petitori aut dat aut promittit.

Transactio per omnia probationis genera probari potest : Scriptura, quæ probationem rei gestæ continere solet, necessaria non est.

CAPUT PRIMUM

Qui transigere possunt.

Tutor potestne in nomine pupilli transigere? Credimus non posse, quia lex non sinit ei cum debitoribus pupilli transigere. (L. 46, § 7 *De administratione et periculo tutoris*.) Sed alia sententia sequenda est quoad furtum attinet si tutor qui negotia gerit, aut curator transegit cum fure evanescit furti actio. (D., *De furtis*. L 54, § 5. L. 56, § 4.) Sed evanescit sola furtiva actio condicere autem et vindicare rem furtivam tutor et curator furiosi eorum nomine possunt.

Filiusfamilias de castrensi peculio transigere poterat. Sed non ita erat de aliis peculiis, nisi pater liberam dederat administrationem. Quid nunc de mandatario? Qui mandatarius est in litem sane non transigere potest, contra valet certe transactio, cum a procuratore in rem suam facta est; sed difficilis quæstio est si de procuratore omnium bonorum administrationem sustinente agitur. Credimus tamen posse iis argumentis subnisi. 1° Procurator jusjurandum deferre potest et simus transactionis speciem jusjurandum continere. (D., *De jureju-rando*, 1. XVII, § 3.) 2° Ea quoque sententia ab Ulpiano edita vide-tur. (D., l. XII, *De pactis*.) 3° Ea certe, civitatum administratoribus qui nihil aliud sunt quam procuratores, concessa potestas fuit. — Obstare videtur Paulus qui libro quarto responsorum scribit mandato gene-rali non contineri transactionem decidendi causa interpositam, sed credimus Paulum de mandatario ad litem tantum loqui.

CAPUT SECUNDUM

De quibus rebus transactio fieri potest.

Ea quæ in nostro patrimonio sunt dicere verum est transigi posse, sed quædam hic sunt explicanda et perlustranda.

1° *De alimentis*. — Cum hi quibus alimenta relicta erant facile transigerent, facile contenti modico præsenti, divus Marcus oratione in senatu; recita efficit ne aliter alimentorum transactio rata esset quam si auctore prætore facta. Hæc oratio pertinet ad alimenta quæ testamento vel codicillis fuerint relicta; idem erit dicendum si mor-tis causa donata fuerint relicta. Si quis de alimentis transegerit sine prætoris auctoritate, transactio nullius est momenti.

2° *De statu hominum*. — Quoad libertatem attinet veteri jure transactio non fieri poterat; sed alias sensit Anastasius imperator et super servili vel adscriptitia conditione transactiones celebrandas vires suas habere voluit. (*Nostro titulo*, 1. 43.) Quæsitum est si transactio valeret tantum cum libertati favet? Credimus semper valere etiamsi servo noceat. Anastasius enim nec distinguit et omnes nullis adhibitis distinctionibus transactiones validas esse jubet. De civitatis et familiæ statu nullæ transactionem leges permittunt; credimus igitur non valere quia ii status non in nostro patrimonio sunt.

3° *De delictis*. — Si delictum privatum est transactio vires habet de furto pacisci lex permittit, sed observandum est non minus infamiæ notam incurrere eos qui sic transegerunt; transactio enim pro delicti confessione habebatur.

Alia de publicis delictis regula observanda erat; de criminibus, ait Paulus, propter infamiam nemo pacisci potest. (*Sententia Pauli*, l. I, t. 1, § 7.) Quinimo accusatur qui transigebat cum res puniebatur. Pœna enim legis Corneliæ teneri jubentur et qui in accusationem innocentium et coierent et qui ad accusandum vel non accusandum, denuntiandum vel non denuntiandum pecunia acceperint. (L. II, *De concussione*.) Et jus accusandi quoque amittebat. (L. IV, *De accusatóribus*.) Si post institutam accusationem, cum accusatore reus transigebat pro cofesso habebatur et necesse erat ut damnaretur. (L. IV, *De jure fisci*.) Secus tamen de crimine capitali; transigere vel pacisci tum licebat excepto adulterio. Ignoscendum enim est ei qui sanguinem suum quibus potuit viis et modis redimere conatus est.

4° *De Testamentis*. — De his controversiis quæ ex testamento proficiciscuntur neque transigi neque experiri veritas est antequam inspectis verbis testamenti. (D., L. 10, *nostro titulo*.) Nunc jurisprudentes omnes omnino putant hanc novam a Justiniano introductam fuisse regulam, mala Gaii verborum interpretatione. Gaius enim alio fragmento illud tantum notabat prætorem omnibus testamentum cognoscere et etiam in aliam tabulam inscribere semper concessisse, quia omnibus hæc cognitio necessaria erat ut omnia negotia peragerentur quæ ex testamento nasci possunt.

Demum ex his causis quæ inſtiatione duplantur pacto decidi non potest.

———⊷⊶⊰⊱⊷⊶———

CAPUT TERTIUM

De transactionum formis.

1° *Transactio pacto fieri potest* tum ut omnia alia pacta non obligationem actione munitam parit nec obligationem ipso jure extinguit. Si reus aut rem litigiosam servavit aut non jam conveniri pactus est, exceptionem pacti conventi vel doli mali, tunc habebit. Sed tunc dubitari potest quomodo his qui rem litigiosam dereliquit eam obtinere valebit quam alter contendentium promisit. Finge Primum fundum Cornelianum Secundo linquere ut aliquid certum accipiat: Tum quamvis ex pacto non potuit nasci actio, tamen rerum vendicatione pendente, si exceptio pacti opposita fuerit doli mali vel in factum replicatione usa poterit ad obsequium placitorum adversarium suum urgere.

2° Transactio fieri potest contractu quæ nostro jure innominatos dicimus. Sic pactum simplex et nudum contractus fietur, quum unus contractantium suam obligationem exsecutus fuerit; tunc habebit actionem præscriptis verbis. Grave tractata est quæstio an semper daretur actio præscriptis verbis in factum. Paulus tamen eam denegabat si contractus is erat *si faciam ut des* : Si posteaquam fessi cessas dare Paulus actionem tantum de dolo dabat sed alia erat Ulpiani sententia, (D., L. 7, § 2 *De pactis.*)

3° Solitas sive contractuum sive eorum qui obligationes extinguunt modorum formas adhibere qui paciscebantur poterant. Finge ut unum tantum indicemus exemplum. Ego tibi centum nummos aureos stipulatione promisi, dum tu me acceptilatione liberares.

4° Persæpe, ait Paulus, pœnalem quoque stipulationem pacto nudo partes subjungebant. Tum condictio dabatur stipulanti adversus promittentem ut pœnalis stipulationis exsecutionem obtineret. Quæsitum est si simul et contractus beneficium et pœnam obtinere valeret? Credimus contra unum tantum consequi posse. Utraque via uti potest prout elegerit qui stipulatus est : Si tamen ex causa pacti exceptione utitur æquum erit accepto eum stipulationem ferre. (D., L. X, § 1 *De pactis.*) Hanc nostro contractui regulam applicat Hermogenianus (D., L. 16, *nostro titulo.*)

CAPUT QUARTUM

De transactionum effectibus.

Hæc prima nascitur quæstio quam in nostro jure nunc multis controversiis videbimus, an declarativa aut translativa transactio est. Sane quoad spectat res litigiosas semper translativa est; sed quid de re ipsa quæ litis causam facit. Quidam dixerant declarativam esse legem nostro titulo in Codice scriptam invoquant. Ea lex enim indicat fundum transactionis causa traditum fuisse et dein eum qui accepit evictum fuisse; quæritur an actionem habebit quæ eam obligationem munit rem vacuam habere licere. Denegant actionem Maximianus et Diocletianus. (C., L. 23, *nostro titulo.*)

Sed contra putamus translativam esse transactionem. 1° Transactio justus titulus est, probat. Pomponii sententia, et ea Philippi constitutio (ex causa transactionis habentes causam possessionis usucapere possunt). 2° Transactio ut alienatio habetur adolescentes alienare prohibentur, ait Codicis fragmentum, neque transactionis ratione, neque permutatione. Permutatio igitur et transactio similia videntur. 3° Nil demonstrat constitutio Diocletiani, si nullam actionem habet ille qui fuit evictus. Hæc ratio dari potest quia transactio quamdam aleam semper recipit.

Transactio quæcumque fit, de his tantum de quibus inter convenientes placuit, interposita creditur (D., L. 9, § 1, *nostro titulo*.) Sed semper strictissimo sensu transactiones interpretendæ sunt. Si de certa re pacto transactionis interposito hoc comprehensum erat nihil amplius peti etsi non additum fuerat eo *nomine* de cæteris tamen quæstionibus integra maneat quæstio.

Inter alios acta facta transactio aliis neque nocet, neque prodest. Partes intelliguntur et ipsi paciscentes et hæredes.

Si reus est et fidejussor, fidejussor uti poterit transactione quam obtinuit reus. Ipso jure extincta erit obligatio si novatione aut acceptilatione usi sunt contractantes, si nudo pacto pacti sunt tum ei dabitur exceptio doli mali. Si contra fidejussor cum creditore transegit, distinguendum est an ipso jure aut exceptionis ope extincta est obligatio. Si ipso jure vel uti acceptilatione liberuntur omnes, si exceptionis ope controversia videtur inter jurisprudentes exstitisse credimus non exceptionem dari. Fidejussoris autem, ait Paulus, conventio nihil proderit reo.

Si de correis promittendis agitur liberantur si ipso jure extincta est obligatio ; si contra tantum exceptionis ope videndum est an socii sint necnon, si non socii uni tantum dabitur exceptio, si socii pro parte aliis tribuetur. Demum, si debitores in solidum tenentur neque pactio, neque transactio auxilio cæteris est nisi deducta parte paciscentis.

DROIT FRANÇAIS

DES TRANSACTIONS

(Cod. Nap., Liv. III, tit. **XV**.)

INTRODUCTION

L'art. 2044 définit la transaction un contrat par lequel les parties terminent une contestation née, ou préviennent une contestation à naître. Cette définition donne lieu à de justes critiques. Pour être complète, elle eût dû indiquer l'un des caractères distinctifs de la transaction, nous voulons dire la réciprocité des concessions. Si en effet cette dernière condition n'est pas réalisée, il n'y a point de transaction proprement dite, il y a renonciation, si c'est le demandeur qui se désiste de ses prétentions ; il y a acquiescement si le défendeur reconnaît la légitimité de celle du demandeur. Cette distinction, qui n'est point écrite dans l'art. 2044, résulte cependant d'autres textes qui la supposent ; c'est ainsi qu'en ce qui concerne le tuteur les formalités diffèrent suivant qu'il s'agit de l'acquiescement ou de la transaction.

La transaction ne doit pas non plus se confondre avec le compromis ;

le compromis est un contrat par lequel les parties donnent à des personnes, autres que leurs juges naturels, le pouvoir de régler leur prétention et d'apprécier leurs droits. Il n'y a point ici de concessions réciproques, puisque le fait même de choisir des arbitres indique la volonté de ne rien céder de leurs droits.

La transaction est un contrat synallagmatique, à titre onéreux, consensuel.

CHAPITRE PREMIER

Conditions relatives à la formation du contrat.

SECTION I.

DES PERSONNES QUI PEUVENT TRANSIGER.

La transaction est un acte de disposition, car elle contient toujours, au moins de la part de l'un des contractants, renonciation à sa prétention, puisque s'interdire la faculté de faire reconnaître sa prétention en justice, c'est en disposer; aussi l'art. 2045 nous dit-il que pour transiger il faut avoir la capacité de disposer des objets compris dans la transaction. On a prétendu qu'il fallait, pour transiger, la capacité de disposer à titre gratuit; cette doctrine est inadmissible, la transaction est un contrat à titre onéreux et peut être faite par des personnes à qui les dispositions à titre gratuit sont absolument interdites; par exemple, le tuteur pour le compte de son mineur. La capacité étant la règle, nous étudierons tour à tour les diverses catégories d'incapables.

1° *Tuteur*. — Le tuteur peut transiger pour le compte du mineur, mais aux trois conditions suivantes : 1° le tuteur doit avoir obtenu l'autorisation du conseil de famille; 2° avoir pris l'avis de trois jurisconsultes désignés par le ministère public ; 3° obtenir l'homologation du tribunal par un jugement rendu sur les conclusions du ministère public.

On s'est demandé ce qu'il fallait entendre par ces mots : l'avis de trois jurisconsultes, et s'il était nécessaire que leur avis fût favorable au projet de transaction. Nous croyons devoir décider l'affirmative : le législateur exige l'assentiment et l'adhésion, et c'est très-juste, car à quoi bon les consulter si on ne s'en rapporte pas à leur opinion ? Le tuteur ne pourrait jamais transiger sans les formalités que nous venons d'indiquer, alors même qu'il s'agirait d'une action mobilière dont tout le temps l'exercice appartient à lui seul. L'art. 467 du Code Napoléon ne contient en effet aucune distinction à cet égard.

Si le tuteur avait transigé sans observer les formalités légales, la transaction serait, selon nous, nulle pour vice de formes et indépendamment de toute lésion. A l'inverse, l'observation complète de l'art. 467 exclurait toute rescision même à l'égard du mineur lésé.

2° *Mineur émancipé.* — Il est évident que les mineurs non émancipés sont absolument incapables de transiger pendant le mariage de leurs père et mère ; le père administrateur devrait suivant nous remplir les formalités de l'art. 467. *Quid* maintenant du mineur émancipé? Il est incontestable que la transaction ne lui serait pas possible sur ses droits immobiliers, et la question ne se présente qu'à propos des difficultés relatives aux actes de pure administration. De graves autorités ont soutenu qu'il pouvait transiger seul et sans formes aucunes ; on argumente de l'art. 481, qui, dit-on, confère à l'émancipé un pouvoir absolu quant aux actes d'administration ; nous croyons au contraire que la transaction ne lui sera possible dans tous les cas qu'en accomplissant les formalités prescrites par l'art. 467. La transaction en effet ne peut jamais être considérée comme un acte d'administration. Telle a bien été, au titre même de la tutelle, la pensée du législateur, puisqu'il en a soumis l'accomplissement à des formes plus rigoureuses pour toute autre espèce d'actes. Mais nous donnerons une autre solution en ce qui concerne le mineur commerçant. Le mineur commerçant ré--

puté majeur aux termes de l'art. 2 du Code de commerce, peut assuré-
ment transiger, pour tout ce qui touche et concerne son commerce.
L'affirmative résulte du texte formel de l'article que nous venons de
citer. Cependant, si la transaction devait le dépouiller d'un immeuble,
elle ne pourrait valablement s'opérer qu'avec le concours des formes
prescrites par la loi. Cette solution résulte de l'art. 6 du Code de
commerce, qui n'habilite point le mineur à aliéner ses immeubles, même
pour les besoins de son négoce.

Avant de quitter le mineur, nous ferons observer qu'il faut appliquer l'art. 472 du Code Napoléon aux transactions qui pourraient in-
tervenir entre l'ex-mineur et son tuteur, relativement aux comptes de
tutelle (art. 2045). Aux termes de ces deux textes, la transaction, pour
être valable, doit être précédée de la reddition d'un compte détaillé et
de la remise des pièces justificatives, le tout constaté par un récépissé
de l'ayant compte dix jours au moins avant le traité.

3° *Des Interdits.* — Le tuteur de l'interdit judiciaire, ne peut transiger qu'en observant les formes indiquées par l'art. 67 du Code civil
(art. 509). Quant aux transactions qui émaneraient de l'interdit, on ap-
pliquerait le droit commun.

Le faible d'esprit et le prodigue, pourvus d'un conseil judiciaire, transigent valablement avec la seule assistance de leur conseil et sans ac-
complir d'autres formalités.

Quant à l'interdit légal, il faut appliquer les règles de l'interdit judiciaire. Cependant, comme la nullité qui frappe les actes passés par un
individu légalement interdit est fondée sur des motifs d'ordre public,
elle est absolue et pourra être opposée par toute partie, par les adver-
saires de l'interdit comme par l'interdit lui-même.

4° *Femmes mariées.* — La femme mariée ne peut, en principe, transiger valablement sans l'autorisation de son mari et de justice. On s'est
demandé : 1° S'il en était différemment quant aux droits mobiliers de
la femme, en cas de séparation de biens conventionnelle ou judiciaire.
Pour soutenir l'affirmative on s'appuie principalement sur la disposition de l'art. 1449 du Code Napoléon, qui permet à la femme de dis-

poser de son mobilier et de l'aliéner. Nous croyons au contraire la négative mieux fondée. D'une part, la capacité de disposer n'entraîne pas nécessairement celle de transiger ; d'autre part, l'art. 1449 du Code civil n'a pour but que d'accorder à la femme un pouvoir d'administration, et la transaction excède les pouvoirs d'un administrateur même *cum libera potestate*. 2° On s'est demandé aussi s'il fallait appliquer la même règle à la femme marchande publique ; ici nous admettrons l'affirmative en tant, bien entendu, qu'il s'agira de difficultés relatives à son commerce. La femme commerçante puise dans l'autorisation générale de faire un commerce l'aptitude à transiger.

Quid de la transaction entre époux ? L'art. 1595, qui défend la vente entre conjoints, est-il applicable à la transaction ? Nous ne le pensons pas. En premier lieu, l'art. 1595 est une disposition rigoureuse et qui prononce une incapacité qu'il ne faut pas étendre, parce qu'elle est, comme toutes les autres, de droit. En second lieu, la transaction peut présenter d'incontestables avantages en prévenant, entre époux, ou en éteignant des contestations ou des difficultés dont l'existence est plus regrettable entre eux qu'entre personnes étrangères.

4° *Sociétés*. — Le gérant d'une société peut-il transiger quand l'acte social ne lui en confère pas le pouvoir ? Pour notre part, et conformément aux principes que nous avons déjà posés, la transaction ne saurait être permise dans le silence de la convention ; nous pensons, en effet, que le gérant d'une société ne peut être assimilé qu'à un simple mandataire.

5° *Faillis et syndics de faillites*. — Le failli, dessaisi de l'administration de ses biens, ne peut pas transiger, si ce n'est après le concordat, lorsque cette administration lui a été rendue. Quant au syndic, le Code de 1807 était muet à cet égard, mais cette lacune a été comblée par la loi du 28 mai 1838. Le syndic peut transiger, à la double condition que le juge-commissaire autorise et que le failli soit appelé ; ces deux conditions suffisent lorsque le droit litigieux est d'une valeur déterminée n'excédant pas trois cents francs. Hors de ce cas, on exige de plus l'homologation du tribunal de commerce, s'il s'agit de droits mobiliers ;

du tribunal civil, s'il s'agit de droits immobiliers. Le failli peut s'opposer à l'homologation, et cette opposition lie le tribunal s'il s'agit de droits immobiliers et que les créanciers ne soient pas encore en état d'union ; mais une fois l'union constituée, le tribunal peut ne pas tenir compte de l'opposition du failli.

6° *Communes, établissements publics, départements.* — Les communes peuvent transiger sous les conditions suivantes: 1°Consultation de trois jurisconsultes désignés par le préfet; 2° autorisation du préfet donnée en conseil de préfecture ; 3° délibération du conseil municipal. — La loi du 18 juillet 1837 exigeait dans certains cas l'autorisation du chef de l'Etat par un décret rendu en Conseil d'Etat ; mais cette nécessité a été supprimée par le décret du 25 mars 1852, sur la décentralisation en matière administrative.

Les transactions intéressant les départements sont faites par le préfet, après délibération du conseil général ; le décret de 1852 a également supprimé ici l'homologation du chef de l'Etat.

Au nom des établissements publics, c'est aux administrateurs qu'il appartient de transiger ; l'art. 2045 exigeait ici encore l'autorisation du gouvernement, qui, par notre même décret, a été remplacée par celle du préfet.

SECTION II.

DE L'OBJET DE LA TRANSACTION.

En règle générale, on peut transiger sur toutes les matières qui n'intéressent pas l'ordre public, c'est-à-dire sur les choses qui sont dans le commerce et dont on a la libre disposition. Le principe se précise suffisamment par l'étude des cas suivants, qui peuvent présenter quelques difficultés.

1° *Etat des personnes.* — On transige valablement sur les intérêts pécuniaires qui se rattachent à l'état des personnes, pourvu d'une part qu'il s'agisse de droits nés et actuels, et d'autre part que des dispositions particulières ne les aient pas soustraits à la convention des parties.

Quantà la question d'état proprement dit, la transaction est impossible, notamment en ce qui concerne les questions de nationalité et de filiation. Cependant des distinctions ont été proposées. Ainsi M. Troplong a voulu distinguer entre le cas où la transaction serait favorable à l'état de la personne et celui où elle tendrait à le détruire ; valable dans le premier cas, la transaction serait nulle au second. Par un arrêt du 16 juin 1836, la Cour d'Aix a voulu distinguer entre la filiation naturelle et la filiation légitime. L'enfant naturel aurait été, à la suite d'une transaction portant renonciation à ses droits, non recevable à faire proclamer sa filiation.

Toutes ces distinctions nous paraissent arbitraires ; l'état d'une personne n'est pas dans le commerce, donc la convention qui porte sur cet état manque d'objet et blesse l'ordre public. L'état est l'œuvre de la nature ou de la loi ; les conventions et la volonté des parties ne peuvent ni l'anéantir, ni le créer, ni le modifier.

La distinction de M. Troplong aboutit nécessairement à une contradiction ; toute reconnaissance volontaire d'un état quelconque emporte nécessairement envers le cocontractant renonciation à la revendication d'un autre état : ainsi, si j'ai obtenu, à la suite d'une transaction passée entre moi et Primus, la qualité d'enfant naturel de Secundus, j'aurai renoncé par cela même à réclamer à l'égard de Primus toute filiation autre que celle-là. Aussi l'arrêt de la Cour d'Aix fut-il, le 12 juin 1838, cassé par la Cour suprême. La Cour alla même plus loin et comme la transaction portait à la fois sur la question de filiation et sur un droit de succession qui en dépendait, elle décida qu'il y avait là une seule transaction contenant deux choses indivisibles et devant être annulées pour le tout. Ainsi donc, pour que la transaction sur un intérêt pécuniaire subordonnée à une question d'état soit valable, elle doit être conclue par un acte distinct et séparé, sur un nouveau pourvoi formé dans la même affaire : la Cour de cassation confirma cette doctrine (22 avril 1846).

3

Quid maintenant des demandes en nullité de mariage ? Ici nous croyons devoir résoudre la question par une distinction. S'il s'agit de nullités sanctionnant des prohibitions d'ordre public, toute transaction est impossible. Ainsi on ne peut transiger sur la nullité d'un mariage dont l'annulation serait demandée pour cause d'inceste ou de bigamie; mais au contraire il en serait différemment des causes de nullité fondées sur l'intérêt privé des contractants et susceptibles d'être couvertes par une ratification. La loi a laissé les parties libres de renoncer au bénéfice de la nullité, la transaction qui maintiendra le mariage sera donc valable. La Cour de Bastia a consacré cette doctrine dans un arrêt du 7 juillet 1825 ; cette nullité, en effet, pouvant se couvrir par la volonté des parties, il n'importe pas de rechercher quels motifs peuvent l'avoir déterminée.

2° *Conventions matrimoniales, biens dotaux.* — Toutes transactions sur les conventions matrimoniales sont nécessairement frappées de nullité, si elles interviennent après la célébration du mariage. Ainsi les époux ne pourraient pas transiger sur la question de savoir quel sera au juste le chiffre de la dot promise par la femme. Cette solution est la conséquence naturelle du principe de l'art. 1395, qui décide que le mariage une fois célébré, les conventions matrimoniales ne pourront plus recevoir aucune modification.

Quid de la transaction portant sur un immeuble dotal ? Plusieurs auteurs ont prétendu que la transaction serait valable, soit dans le cas où la femme ne perd pas l'immeuble litigieux et que le sacrifice consenti par elle consiste en valeurs aliénables; soit encore quand elle a obtenu l'autorisation de la justice. Un arrêt de la Cour de Limoges du 10 mars 1836 va même jusqu'à admettre en tous cas la transaction. On s'est appuyé, pour soutenir ces diverses théories, sur l'intérêt bien entendu de la femme, sur l'incertitude que peuvent présenter des procès de cette nature, qui, sous prétexte d'assurer plus solidement les biens de la femme, les lui feraient souvent perdre. L'on a ajouté un argument tiré de ce que la femme pouvait, en certains cas, consentir, même sous le régime dotal, à un partage à l'amiable. Enfin, a-t-on dit, et seulement pour le premier cas, la femme en transigeant conserve son immeuble et ne l'aliène pas.

Nous pensons, au contraire, en face des termes combinés des art. 1554 et 2045, que les immeubles dotaux non stipulés aliénables ne peuvent faire l'objet d'aucune transaction. Pour transiger, en effet, il faut la capacité de disposer des objets sur lesquels porte la transaction. Or, les époux ne peuvent aliéner le fonds dotal. Nous n'admettons pas même la possibilité d'une autorisation judiciaire. L'art. 1554 pose la règle : l'immeuble dotal est inaliénable ; il n'y est fait exception que dans les cas prévus dans les art. 1555 à 1558, et la nécessité de prévenir ou de réprimer les contestations par une transaction n'est pas prévue dans ces différents textes.

3° *Crimes, délits et contraventions*. — Toute infraction peut donner lieu à une action publique et à une action civile. L'art. 2046 déclare que l'on peut transiger sur l'intérêt civil résultant d'un délit, tandis qu'au contraire, toute transaction sur l'action publique est impossible. Cette solution se justifie facilement ; l'action civile, qui tend à la réparation du préjudice causé, est la propriété de la personne lésée, elle tombe dans son patrimoine et peut donc être l'objet d'une disposition quelconque. L'action publique, au contraire, appartient à la société qui l'exerce par l'intermédiaire du ministère public ; elle est en dehors du commerce et ne peut être l'objet d'une transaction.

Par exception, les administrations des douanes, des contributions indirectes, des eaux et forêts et des postes, peuvent transiger sur les délits et contraventions commises par les particuliers. Ce droit de transaction existe, soit que la contravention entraîne l'application de peines corporelles, soit qu'elle ne soit punie que de peines pécuniaires. Ce droit de transaction s'explique par le peu de gravité des infractions qu'il s'agit de punir et se justifie mieux encore en face du principe qui n'admet point en cette matière la justification tirée de la bonne foi du prévenu.

Quant à l'action civile, les parties, comme nous l'avons dit, peuvent transiger, sans que cette transaction paralyse en rien l'action du ministère public. Cela cependant peut faire difficulté dans le cas où la loi

n'autorise la poursuite qu'en vertu d'une plainte de la partie lésée :
par exemple, en matière de diffamation. Dans ce cas, nous pensons
que l'action une fois intentée peut être continuée par le ministère public, alors même qu'il y aurait transaction ou désistement de la partie
lésée. L'action publique une fois provoquée par la mise en action de
l'action civile, ne peut plus s'arrêter par la seule volonté de la partie
lésée.

Nous avons dit que pour l'action civile la liberté des transigeants
était absolue ; une seule restriction soumet, dans un cas particulier, à la
communication du ministère public et à l'homologation du tribunal la
transaction intervenue sur une poursuite de faux incidents civils. Cette
solution est contenue dans l'art. 249 du Code de procédure, sur la
portée duquel on est loin d'être d'accord. Nous ne croyons pas, pour
notre part, que le tribunal puisse refuser son homologation, ou la su-
bordonner à l'insertion de telle ou telle clause. Le but de la loi est en
effet tout simplement de prémunir la disparition de la pièce compro-
mettante qui peut servir de base à la procédure criminelle, et ce but se
trouve atteint une fois la communication effectuée. Le texte confirme
d'ailleurs cette interprétation ; ce n'est pas la validité, mais bien l'exécution du contrat qu'il subordonne à la nécessité d'une homologation
préalable.

4° *Aliments.* — S'il s'agit d'aliments dus en vertu des droits du
sang, aucune transaction n'est possible sur des aliments non échus,
ceux-ci constituant une créance inaliénable et résultant de faits indé-
pendants de la volonté des parties.

Quid des aliments dus en vertu de la volonté de l'homme? Si
la créance alimentaire naît d'un contrat à titre onéreux, les aliments
pourront dans tous les cas faire l'objet d'une transaction, car la créance
ne diffère alors en rien d'une créance ordinaire ; mais lorsqu'il est question d'une créance alimentaire, naissant d'une disposition gratuite, la
question au contraire est très-vivement controversée. MM. Aubry et
Rau, Duranton et quelques autres auteurs enseignent les uns que la
transaction est impossible, les autres qu'elle ne peut avoir lieu qu'avec

l'homologation du tribunal. M. Troplong enseigne au contraire qu'une pareille transaction est possible et absolument libre. Ce dernier système paraît préférable ; d'abord il est impossible d'exiger l'homologation du tribunal, puisqu'aucun texte n'en fait mention ; restent donc les deux systèmes absolus, pour soutenir la prohibition. On a imaginé deux arguments contre l'autorité du droit romain. 1° On a argumenté de l'art. 1004 du Code de procédure civile, qui, en pareille matière, défend le compromis ; il y a, dit-on, analogie. Nous contestons la valeur de ce premier motif ; les restrictions sont de droit étroit et le texte ne parle pas de la transaction ; d'ailleurs, aux yeux des rédacteurs du Code, le compromis, à tort ou à raison, a semblé plus dangereux que la transaction ; c'est ainsi que le tuteur qui, sous certaines conditions, peut transiger, ne peut jamais compromettre. 2° On a invoqué l'art. 581 du Code de procédure, qui déclare en pareil cas la créance d'aliments insaisissable ; de l'insaisissabilité on conclut à l'incessibilité, et par contre à la prohibition de transiger. Mais cet aperçu nous semble inexact ; pour être insaisissables, ces créances n'en sont pas moins cessibles. Si la loi a voulu garantir en pareil cas la pension alimentaire contre les créanciers du bénéficiaire, elle n'a point entendu la déclarer par cela même inaliénable. Notons enfin qu'en tous les cas les aliments échus sont susceptibles de transactions.

SECTION III.

FORMES ET PREUVES DE LA TRANSACTION.

La loi reconnaît et organise en principe cinq espèces de preuves ; nous examinerons successivement chacune d'elles et rechercherons comment et dans quelle mesure elles peuvent être applicables à la transaction.

1° *Preuves testimoniales*. — L'art. 2044 dispose dans son second alinéa que la transaction doit être rédigée par écrit ; il n'en faut pas

conclure cependant que la transaction soit un contrat solennel, l'écrit
n'est exigé que *ad probationem*. Le législateur a notifié ainsi cette disposition rigoureuse : « La transaction, disait M. Albisson, au Tribunat,
devant terminer un procès, c'eût été risquer d'en faire naître un nouveau que d'en laisser dépendre l'effet de la solution d'un problème sur
l'admissibilité ou les résultats d'une preuve testimoniale. » On peut
ajouter que la transaction embrasse souvent des objets multiples et
différents, s'enchaînant, comme on l'a dit, dans une unité indivisible,
de telle sorte que l'oubli d'une seule clause dénaturerait toute la pensée des parties. Il est certain, et c'est ici la dérogation au droit commun,
que la prohibition subsiste même lorsqu'il s'agit d'une valeur au-dessous
de 150 francs.

On s'est demandé ce qu'il fallait décider dans les trois cas suivants.

Premier cas. — *Quid* quand un cas fortuit a détruit l'écrit qui avait
été dressé pour constater le contrat ? On reconnaît presque unanimement
que la preuve testimoniale est inadmissible ; il y a alors cas purement
fortuit, et aucun reproche sérieux ne peut être adressé aux parties.
(Art. 1348, alinéa 4°.)

Deuxième cas. — On discute au contraire très-vivement si la
preuve par témoins peut être autorisée en présence d'un commencement de preuve par écrit. La négative a été consacrée par plusieurs
arrêts et notamment par un arrêt de la Cour de Pau, du 1er août 1860.

On a dit que les motifs, qui justifiaient la prohibition de la preuve
testimoniale, conservaient toute leur force, alors même qu'il y avait
commencement de preuve par écrit. Nous pensons, au contraire, avec
Merlin et un arrêt de la Cour de Bordeaux, du 28 mai 1834, que l'affirmative doit être adoptée. En effet, l'art. 2044 a eu simplement pour
but d'appliquer à la transaction l'art. 1341, sans s'inquiéter de la valeur
du litige ; mais s'il a appliqué la règle, il a dû aussi appliquer toutes
les exceptions que présentait ce dernier texte. Or, parmi ces exceptions se trouve contenu l'art. 1347, qui pose en principe l'admissibilité

de la preuve qui nous occupe, à la condition d'un commencement de preuve par écrit.

Troisième cas. — L'art. 2044 est-il applicable aux matières commerciales ? On a soutenu qu'il fallait alors l'écarter en généralisant l'art. 109 du Code de commerce, duquel on prétend induire que la preuve par témoins est applicable à tous les actes commerciaux ; le motif ne nous paraît pas fondé. La transaction, en effet, n'est pas et ne saurait être considérée comme un acte de commerce, puisque d'une part elle n'est point comprise dans l'énumération des textes de la loi, que de l'autre elle ne présente pas le caractère de spéculation, signe distinctif des actes de cette nature.

2° *Présomptions.* — En aucun cas, la loi ne présume une transaction ; quant aux présomptions de l'homme, il faut appliquer ce que nous venons de dire du témoignage.

3° *Serment.* — Que le serment supplétoire ne puisse être admis en notre matière, c'est ce qui ne saurait faire de doute, car le juge ne pourrait en user que dans le cas où le témoignage et les présomptions de l'homme sont admissibles ; mais il en est différemment du serment décisoire ; la loi, art. 1358, permet de la déférer « sur quelqu'espèce de contestation que ce soit. » De plus, tout le monde reconnaît que la transaction n'est point rangée parmi les contrats solennels ; elle peut donc être prouvée par l'aveu, et le serment n'est qu'un aveu, d'autant plus sincère qu'il est plus solennel.

4° *Aveu.* — Comme nous venons de le dire, l'aveu est admis, et cela d'un accord unanime, comme mode de preuves de transaction. Mais on a contesté la possibilité d'un interrogatoire sur faits et articles (M. Troplong). Cette solution nous paraît irrationnelle ; puisqu'on admet l'aveu qui est la fin, on doit admettre aussi l'interrogatoire qui est le moyen. Nous ajoutons d'ailleurs que l'art. 324 du Code de procédure civile l'admet « en toutes matières. »

5° *Écrit.* — L'écrit peut être authentique ou sous seing privé ; sous seing privé la transaction est soumise à la formalité des doubles, conformément aux exigences de l'art. 1325 du Code Napoléon. Faite sous acte authentique, elle peut revêtir trois formes différentes : 1° L'acte notarié : il est alors soumis aux prescriptions des lois sur le notariat. 2° Le procès-verbal de conciliation dressé par le juge de paix. Ce procès-verbal, aux termes de l'art. 54 du Code de procédure civile, a « force d'obligation privée ». Ce qui ne veut pas dire qu'il ne soit un acte authentique, mais simplement qu'il ne peut être revêtu de la formule exécutoire, qu'il ne confère l'hypothèque générale attachée au jugement et qu'une hypothèque conventionnelle ne peut y être efficacement stipulée. 3° Le jugement convenu ou d'expédient. On appelle jugement d'expédient celui qui est prononcé du consentement des parties qui, se rendant volontairement justice sur le différend, arrêtent de concert le dispositif du jugement qui doit le terminer. Le projet, habituellement rédigé par les avoués des parties, est alors présenté à l'homologation du tribunal.

<hr />

CHAPITRE DEUXIÈME

De l'Effet des Transactions.

Nous examinerons sur ce point les questions suivantes: 1° De l'extinction du litige; 2° le contrat est-il déclaratif ou translatif de propriété; 3° le contrat oblige-t-il a garantie; 4° quel est l'effet d'une clause pénale ajoutée à la transaction?

§ I. *De l'extinction du litige.* — La transaction, dit l'art. 2052, a entre les parties l'autorité de la chose jugée en dernier ressort. Il résulte donc de ce texte que la transaction engendre entre les parties une exception analogue à celle de la chose jugée, et, comme elle, n'existant que sous les conditions dans les limites de l'art. 1351. Ces conditions sont au nombre de deux.

Première condition. — Identité de parties. La transaction produit effet entre les contractants eux-mêmes, leurs héritiers ou successeurs à titre universel. Quelques difficultés peuvent se présenter dans les hypothèses suivantes :

Supposons d'abord un débiteur principal et une caution. Si le débiteur principal a transigé, la caution peut invoquer le bénéfice de la transaction dans les limites fixées par la convention intervenue entre les contractants ; mais, en sens inverse, le créancier ne pourrait invoquer contre la caution la transaction passée entre le débiteur ; c'est ce que l'on avait exprimé dans un article du projet de notre titre, en disant que la transaction faite par le débiteur profite à la caution et ne lui nuit jamais ; mais cet article a été retranché comme inutile. Si c'est la caution elle-même qui transige sur la dette, on peut se demander si l'obligation du débiteur subsiste encore. Pour l'affirmative, on peut argumenter de l'art. 1365 du Code civil, portant que le serment déféré à la caution profite au débiteur principal. Mais il nous paraît plus sûr d'appliquer ici la solution de l'art. 1287, qui déclare, dans un sens bien plus conforme aux principes généraux, que la remise accordée à la caution ne libère pas le débiteur principal. Néanmoins, comme le créancier ne doit pas être payé deux fois, le débiteur pourra déduire de la demande les sommes payées par la caution par suite de la transaction. La caution aurait alors, pour ce qu'elle a payé, recours contre le débiteur principal.

S'il s'agit de codébiteurs solidaires, les hypothèses suivantes sont à distinguer.

Si la transaction a été formellement restreinte à la part du codébiteur contractant ou bien si elle porte sur le fait même de la solidarité, le transigeant peut seul invoquer le bénéfice du contrat. Si elle porte sur une exception personnelle à celui qui transige, les autres codébiteurs sont libérés dans la mesure de ce que le transigeant aura donné ou promis. Si maintenant la transaction a porté sur l'existence même de la dette ou sur une exception commune, les autres codébiteurs peuvent, s'ils jugent la transaction avantageuse, repousser absolument la demande des créan-

4

ciers sous la condition de satisfaire aux engagements pris par le transigeant ; cette théorie résulte du principe qui admet entre les codébiteurs solidaires l'existence d'un mandat réciproque qui ne reçoit pas de limites quand il s'agit d'améliorer leur situation. Si au contraire les autres codébiteurs ne veulent pas s'approprier la transaction, le créancier doit déduire de la demande formée contre eux la part entière de celui qui a transigé.

Seconde condition. — *Identité d'objet.* Pour que le moyen tiré de la transaction puisse réussir, il faut qu'il y ait identité entre l'objet de la transaction et l'objet de la prétention actuelle. Il faut avant tout consulter l'intention des parties et la suivre. Quand l'intention est douteuse, la nécessité d'une interprétation restrictive résulte de ce que nul n'est présumé abandonner ses droits.

On s'est demandé si la fausse interprétation des clauses d'une transaction peut donner ouverture à cassation. La chambre civile, notamment par un arrêt du 19 novembre 1851, a décidé l'affirmative. La chambre des requêtes pense au contraire que les juges du fait sont souverains appréciateurs des clauses du contrat et que la Cour suprême ne peut casser un arrêt pour cause d'interprétation inexacte. Cette dernière théorie nous paraît préférable ; la question de savoir quel est au juste le sens et la portée d'une transaction ne peut en rien intéresser les questions de droit et ne peut non plus soulever la difficulté, pour lesquelles la Cour suprême a seule compétence.

§ II. — *Si le contrat est translatif ou déclaratif de propriété ?* Un premier point n'offre sur cette question aucune difficulté ; en ce qui concerne les objets non litigieux que l'un des contractants s'oblige à céder à l'autre, la transaction est évidemment déclarative, mais *quid* pour les objets litigieux ?

Cette question est d'une importance capitale et a soulevé les plus vives controverses. Quant aux intérêts pratiques qu'elle peut présenter, nous pouvons indiquer les principaux : 1° si la transaction est translative, elle servira de juste titre pour conduire le possesseur soit à la prescription, soit à l'appropriation des fruits ; 2° sa transaction sur un

immeuble, sera ou non soumise à la transcription, suivant qu'on la dé-
clarera translative ou déclarative ; 3° les époux étant mariés sous le régime de communauté, l'immeuble sera propre dans le cas où l'épouse
se prétendrait propriétaire en vertu d'une cause antérieure au mariage,
si l'on admet le caractère déclaratif de la transaction ; dans le système
contraire, il sera commun.

Selon nous la transaction présente un caractère purement déclaratif, et
voici les arguments qui nous conduisent à cette solution : D'abord nos
anciens auteurs, et notamment Pothier, Dumoulin et d'Argentré, ensei-
gnaient que la transaction était purement déclarative, ils invoquaient
cette comparaison, déjà faite par la loi romaine, entre la transaction et
le jugement. En outre, ce système est le seul conforme à la nature
même de la transaction, lorsque l'une des parties reconnaît, même moyennant un sacrifice, le droit de l'autre : il y a ce que l'on appelait
dans notre ancien droit *tituli præsentis confessio.* (Pothier, *Traité de
la communauté,* nos 111 et 164). Le droit intermédiaire a confirmé
cette tradition ; la loi du 22 frimaire an VII sur l'enregistrement
soumet la transaction au droit fixe alors que tous les actes emportant
mutation de propriété sont soumis aux droits proportionnels. Enfin
l'art. 2045, en assimilant la transaction au jugement, démontre bien
que sur ce point le législateur n'a pas entendu s'écarter de principes déjà
universellement admis.

§ III. *Si le contrat oblige à garantie.* — Cette question se présente
lorsqu'une personne vient à être évincée de la chose qui lui avait été
remise ou laissée en exécution de la transaction. Pothier (*Traité de la
vente,* n° 645) distinguait entre l'éviction portant sur une chose non
litigieuse dont l'une des parties s'est engagée à rendre l'autre propriétaire, et l'éviction portant sur la chose litigieuse elle-même ; il admet-
tait l'obligation dans le premier cas, la rejetait dans le second. Cette
opinion nous semble devoir être encore acceptée ; dans le premier cas,
il y a eu en effet translation de propriété et par contre il doit y avoir
lieu à garantie. Quant au second, le projet du Code contenait un article 16 ainsi conçu : « Il n'y a pas lieu à la garantie des objets auxquels cha-

que partie prétendait avoir des droits dont elle s'est désistée en faveur de l'autre, lors même que ce désistement aurait été consenti moyennant une somme. » Cette disposition, qui dispensait la partie renonçante de l'obligation de garantie, a été supprimée, mais on est d'accord aujourd'hui pour reconnaître que cet article n'a disparu que parce qu'on le considérait comme inutile, la nature déclarative de la transaction ne permet pas d'ailleurs que l'on puisse admettre l'obligation de garantie ; celui qui abandonne la chose litigieuse s'engage uniquement à ne plus contester la prétention, fondée ou non, de son cocontractant.

§ IV. *De la clause pénale.* — On peut, dit l'art. 2047, ajouter à une transaction la stipulation d'une peine contre celui qui manquera de l'exécuter. Ce texte a soulevé la question suivante de savoir si celui au profit de qui la clause pénale est stipulée peut à la fois cumuler la peine et le principal, ou si, conformément au droit commun, il doit en principe se borner à une simple option. Nous pensons que cette dernière opinion est la seule exacte, sauf toutefois l'intention contraire des parties expressément manifestée. Les principes généraux disposent formellement que l'on ne peut cumuler et la clause pénale et les dommages-intérêts dus pour l'inexécution du contrat. Nous ne voyons rien dans la transaction qui autorise à déroger à ce principe éminemment rationnel, puisque la clause pénale est par sa nature même l'évaluation anticipée du préjudice causé. Nous ajouterons que dans la discussion du projet le renvoi aux principes généraux a été très-nettement exprimé par M. Albusson dans son rapport au Tribunat et par M. Bigot-Préameneu dans son exposé des motifs.

CHAPITRE TROISIÈME

De la rescision des transactions.

Une première observation est nécessaire : le Code ne s'occupe pas des transactions absolument nulles ou existantes ; ainsi s'il y avait défaut absolu de consentement, défaut absolu d'objet, ou si la transaction portait sur une des difficultés qui ne tombent point en convention, par exemple sur une question d'état, les obligations prises de part et d'autre seraient absolument nulles.

Voyons maintenant les causes particulières de nullité relative.

1° *Dol et violence*. — Le second alinéa de l'art. 2053 dispose qu'une transaction peut être rescindée dans les cas où il y a dol ou violence. La loi n'a rien ici édicté de spécial, aussi conclurons-nous à l'application pure et simple des droits communs : la nullité sera relative et prescriptive par dix ans, aux termes de l'art. 1304.

2° *Lésion*. — L'art. 2052 dispose également que la transaction n'est pas susceptible d'être rescindée pour cause de lésion. La question, dans notre ancien droit, avait été controversée, et ce fut seulement un édit de François II d'avril 1560 qui décida la négative. L'art. 2052 n'est d'ailleurs dans notre droit que l'application du droit commun puisque la lésion a cessé d'être en principe une cause de rescision. Cependant il n'en serait pas de même, si la transaction avait pour objet de faire cesser l'indivision et cela sans distinguer entre la transaction qui sous une fausse dénomination cache au fond un partage et celle qui intervient sur de véritables difficultés. L'art. 888 du Code Napoléon, éclairé par la discussion qui s'éleva dans les travaux préparatoires entre Tronchet et Treilhard, démontre que l'intention du législateur a été de faire prédominer le caractère du partage dans tout acte opérant cessation de l'indivision.

3° *Erreur.* — L'erreur de droit tout d'abord ne peut jamais être une cause de rescision de la transaction. Selon nous, ce principe est spécial au contrat qui nous occupe. Le législateur a considéré que généralement les parties ne transigent qu'après un examen préalable et approfondi de la validité des droits litigieux et qu'après avoir pris l'avis de jurisconsultes compétents et expérimentés.

A. *Erreur sur la personne.* — L'erreur sur la personne autorise, aux termes de l'art. 2053, la rescision de la transaction. Il est évident que si la contestation s'élève entre Primus et Secundus, et que ce dernier transige par erreur avec Tertius, qui en réalité est étranger au procès, la convention n'a aucune existence puisqu'elle manque absolument de cause. Mais *quid* si j'ai transigé avec le véritable titulaire du droit litigieux en le prenant pour un autre? Selon nous, il faut appliquer la solution de l'art. 1110, c'est-à-dire n'admettre la nullité qu'autant que le contrat a été consenti *intuitu personæ*. La doctrine contraire, qui admettrait en tous cas la nullité de la transaction, serait contraire aux principes généraux et de plus absolument irrationnelle. On ne comprend point en effet comment cette erreur pourrait annuler un contrat où n'entrerait en rien la considération de la personne.

B. *Erreur sur l'objet.* — La transaction serait inexistante s'il y avait erreur sur l'objet même du contrat; ainsi il n'y aurait absolument aucune convention, si les parties n'avaient pas été d'accord sur l'individualité du bien litigieux ou sur l'identité de la question à résoudre. Si par exemple l'une des parties a entendu transiger sur le pétitoire et l'autre sur le possessoire. Mais il se peut, alors même que les parties ont bien eu en vue le même litige, qu'il y ait néanmoins quelques circonstances ignorées de l'une d'elles et tellement décisives que si cette partie l'eût connue, elle n'eût très-probablement pas transigé ; la transaction est alors simplement annulable ; nous allons rechercher dans les textes les applications successives de cette idée.

Première application. — Il y a lieu à l'action en rescision contre une transaction, lorsqu'elle a été faite en exécution d'un titre nul, à moins que les parties n'aient expressément transigé sur la nullité.

Selon nous, et quoique la question ait été controversée, nous pensons qu'il est indispensable que l'erreur ait porté sur une nullité de fait; ainsi un héritier légitime transige sur un testament olographe qu'il n'a jamais eu entre les mains, et ce testament n'est pas daté : il peut, selon nous, obtenir la rescision du contrat; mais cette rescision ne lui serait point accordée, si, ayant connu cette absence de date, il alléguait simplement avoir ignoré la nullité qui en est la conséquence légale. Ce système nous paraît le seul qui puisse concilier les art. 2052 et 2054. (MM. Duranton, Troplong. Cassation, 14 novembre 1838.)

Deuxième application. — La transaction faite sur pièces qui depuis ont été reconnues fausses est entièrement nulle. Nous ferons sur ce point deux observations. D'abord, il est évident que la transaction serait au contraire valable si l'on avait transigé sur les conséquences civiles d'un faux déjà reconnu ou sur la fausseté même des pièces soupçonnées. En second lieu, par ces mots: la transaction est entièrement nulle, le Code ne veut point dire que la nullité en est absolue, mais simplement que la transaction se trouve anéantie dans son entier et non pas seulement quant aux clauses directement terminées par des pièces fausses; cette décision est la simple conséquence du principe de l'indivisibilité des transactions.

Troisième application. — La transaction sur un procès terminé par un jugement passé en force de chose jugée, dont les parties ou l'une d'elles n'avaient point connaissance, est nulle. Ainsi donc, si le jugement est attaqué ou susceptible d'être attaqué par les voies de l'opposition ou de l'appel, il ne fait point obstacle à la validité de la transaction : et en effet, la possibilité de ces voies ordinaires permet de tout remettre en question; mais il en serait différemment des voies extraordinaires de la requête civile et du pourvoi en cassation. L'article ne parle que des jugements *passés* en force de chose jugée, mais il en serait de même des jugements *rendus* en force de chose jugée, c'est-à-dire dont l'appel n'a jamais été possible. Il contient d'ailleurs une autre inexactitude, il ferait croire que l'erreur de l'une quelconque des parties autorise la rescision, tandis que l'erreur du gagnant produit seule cet effet.

Quatrième application. — La transaction serait nulle si, postérieurement, il avait été découvert des pièces décisives, c'est-à-dire établissant qu'une des parties était dépourvue de tout droit. La transaction serait cependant valable même dans ce cas, si elle comprenait tous les différends que les parties peuvent avoir entre elles. Enfin notons que l'erreur dans le calcul doit simplement être réparée.

QUESTIONS CONTROVERSÉES

DROIT ROMAIN.

En matière de spécification, les Sabiniens et les Proculéiens discutaient une question d'occupation.

Il existait à Rome une action publicienne *in factum*.

DROIT FRANÇAIS.

CODE NAPOLÉON.

1° L'administration du père est, quant à ses pouvoirs, soumise aux mêmes règles que celle du tuteur.

2° L'étranger, légalement divorcé dans son pays, ne peut valablement contracter mariage en France.

3° Les père et mère d'un enfant naturel reconnu n'ont pas droit à la réserve.

4° La résidence, et non le domicile de droit, doit être prise en considération pour décider la question de présence ou d'absence du véritable propriétaire en cas de prescription de dix à vingt ans.

5° La transaction est déclarative quant à l'objet litigieux.

6° La transaction peut être prouvée par témoins quand il y a un commencement de preuve par écrit.

7° La transaction sur une question d'état n'est jamais valable.

PROCEDURE CIVILE.

L'art. 249 du Code de procédure civile signifie simplement que l'homologation du tribunal est nécessaire pour l'exécution de la transaction.

DROIT COMMERCIAL.

Même en matière commerciale, la transaction ne peut pas être preuvée par témoins.

DROIT ADMINISTRATIF.

Le conseil de préfecture est compétent même pour les dommages permanents causés par l'entrepreneur public.

ED. CARIGUEL.

Vu pour l'impression:

Le Doyen :
Ed. BODIN.

Rennes, typ. T. HAUVESPRE, rue Impériale, 4.